처음책방 필사책 ❻

고두현 따라쓰기
아직 태어나지 않은 말

고두현 지음

처음
책방

처음책방 필사책 6
고두현 따라쓰기_아직 태어나지 않은 말

초판 1쇄 발행 2025년 7월 7일

지은이 고두현
펴낸이 김기태

디자인 박은진
제작/유통 조전희

펴낸곳 처음책방
신고번호 제407-2024-000007
주소 17407 경기도 이천시 진상미로 1523번길 42
전화 070-4141-5566
웹사이트 cheoeumbooks.com
블로그 blog.naver.com/firstbook2024
인스타그램 instagram.com/cheoeum_books
유튜브 youtube.com/@처음책방
이메일 fbi2024@naver.com

ISBN 979-11-991148-5-2 (03810)

- 이 책은 저작권법에 따라 보호받는 저작물이므로 무단 전재와 무단 복제를 금지하며,
  이 책의 내용을 전부 또는 일부를 이용하려면 반드시 저작권자와 처음책방의 서면 동의를 받아야 합니다.
- 잘못된 책은 구매처에 요청하면 교환해 드립니다.

좋은 작품을 읽고 따라 쓰는 일의 즐거움

좋은 작품을 읽는다는 것은
세상의 가장 위대한 사람과 대화를 나누는 일이며,
그것을 따라 쓰는 것은 그 위대한 사람의 마음에
내 마음을 보태는 일입니다.
좋은 작품을 읽고 따라 쓰는 일의 즐거움을
그대에게 선사합니다.

이 책을 ＿＿＿＿＿＿＿＿ 님께 드립니다.

필사 시집에 부쳐

필사란 누군가를 마음에 새겨 넣는 일
그 속으로 가장 깊이 들어가는 것

시란 무엇인가. 가장 짧은 문장으로 가장 긴 울림을 주는 것!
필사란 무엇인가. 누군가를 마음에 새겨 넣는 일, 그 속으로 가장 깊이 들어가는 것!
시를 필사하는 것은 어둠 속에서 내 얼굴을 더듬는 일이요, 빛을 향해 고개를 드는 일이며, 잊고 있던 나를 새롭게 발견하는 일이다.
필사의 맛은 천천히, 느리게 하는 데 있다. 행과 행 사이에 흐르는 언어의 물결과 시간의 무늬를 오래 만져보고 음미해 보자. 그 내밀한 리듬에서 전해지는 교감과 공감의 떨림을 온전히 느껴보자.
가장 편안하고 한가로운 자세로 따라 쓰자. 쉼표가 있으면 그 대목에서 쉬고, 말줄임표가 있으면 그 여백을 그대로 비워 두자. 그러다 보면 마음의 밭이랑 사이로 그리운 얼굴이 떠오르고, 아침 샘물처럼 영혼이 맑아질 것이다.
우리 몸과 마음이 움직이는 대로 쓰자. 은은하게 소리 내며 쓰는 글은 심신을 둥근 공명체로 만들어준다. 촉감이 부드러운 연필이나 만년필, 붓으로 써 보자. 연필을 깎는 시간의 고요, 그 질감을 즐기며 한 자 한 자 따라 쓰는 과정도 사각사각 재미있다. 손가락에 착 감기는 만년필로 쓸 땐 종이 위의 잉크처럼 생각의 물줄기가 따라 흐른다.

매일 조금씩 쓰자. 그 순간만큼은 온전히 나를 위한 사색과 성찰의 시간이다. 그 시간들이 쌓이면 한결 깊어지고 넓어진 생각의 단층을 발견할 수 있을 것이다.
가끔, 정성스레 필사한 시의 한 구절을 보여주면서 사랑하는 사람에게 속마음을 슬며시 전해보는 것도 멋진 일이다.

고두현

한여름

                    고 두 울
남녘 장마 진다 소리에
습관처럼 안부 전화 누르다가
아 이젠 안 계시지 ……

차례

1부
너에게 가는 길

0012 꽃자루에 꽃 하나씩 피는 목련
014 봄 꽃 편지
016 횡단보도
018 초행
020 너에게 가는 길
022 보고 싶은 마음
024 바래길 첫사랑
026 묵언
028 사랑니
030 간밤에
032 쌍계사 십 리 벚꽃2
034 상생 相生
036 반달
038 부석사 봄밤

2부
짝사랑

042 물미해안에서 보내는 편지
044 별에게 묻다
048 빗살무늬 추억
050 목련이 북향으로 피는 까닭
052 남으로 띄우는 편지
054 마음의 등짐
056 먼 그대
058 짝사랑
060 만리포 사랑
062 길 밖에서 너를 기다리며
064 아직 태어나지 않은 말
066 별을 위한 연가
068 달의 뒷면을 보다
072 직녀

3부

내가 마구간에서 태어났을 때

076 늦게 온 소포
080 내가 마구간에서 태어났을 때
082 빈자리
084 그 숲에 집 한 채 있네
088 참 예쁜 발
090 거룩한 손
092 한여름
094 땅 이야기
098 집 우宇, 집 주宙
102 아버지의 빈 밥상
106 하석근 아저씨
110 풍란 절벽
114 오래된 길이 돌아서서
　　나를 바라볼 때
116 정년 직전

4부

맹인 안마사의 슬픔

118 저무는 우시장
120 발왕산에 가보셨나요
122 달과 아이들
124 빨간색 차만 보면
126 우득 씨의 열한 시 반
128 노숙인과 천사
132 맹인 안마사의 슬픔
134 망고 씨의 하루
136 밥에 관한 생각
138 진미 생태찌개
140 20분
142 숨
144 오목
148 외포리에서

5부

망덕포구에
그가 산다

156 너를 새기다
160 동전을 줍다
162 김밥천국
164 눈 녹이는 남자
168 마스크 대화
170 상강霜降 아침
172 튤립 뿌리에선 종소리가 난다
176 유쾌한 벌초
180 지상에서 천국까지
182 몽파르나스 공원묘지
186 수연산방에서

190 망덕포구에 그가 산다
194 굴라재 활불 사건
198 대웅성좌, 옥천
202 4월 장자莊子
204 남해 가는 길
206 울타리 밖에 채마밭을 짓고
208 안부
210 적소에 내리는 눈
214 꿈에 본 어머님
218 발해 금琴
220 수이푼강

1부

너에게 가는 길

꽃자루에 꽃 하나씩 피는 목련

꽃 피는 데도 순서가 있다는데

네 끝에서 처음 피는 꽃과
내 속에서 마지막 피는 꽃이
물망초처럼 좌우 교대로 피는 순간은 언제일까.

우리 만나고 합치고 꽃 피우느라
이만큼 아래위 앞뒤 서로 부볐으니

이제는 누가 먼저 꽃씨 열매 품었는지
넌지시 속 보여줄 때도 되지 않았을라나 몰라.

고득현 따라쓰기

봄 꽃 편지

날마다 네 안에서
해가 뜨고 달이 지듯
그렇게 봄 산이
부풀었다 가라앉듯

오늘도 네 속에서
먼저 피고 먼저 지는
꽃 소식 듣는다.

고두현 따라쓰기

횡단보도

너 두고
돌아가는 저녁
마음이 백지장 같다.

신호등 기다리다
길 위에
그냥 흰 종이 띠로
드러눕는다.

고두현 따라쓰기

초행

처음 아닌 길 어디 있던가

당신 만나러 가던
그날처럼.

고두현 따라쓰기

너에게 가는 길

비로소
처음

흰 도화지를
준비해 간

미술 시간.

고등헌 따라쓰기

보고 싶은 마음

휴대폰 없이 산에서 지내는 동안
하늘색 공중전화가 있는
절 마당까지 뛰어갔다가 동전은 못 바꾸고
길만 바꿔 돌아올 때

보고 싶은 마음 꾸욱 눌러
돌무지에 탑 하나 올린다.

고두현 따라쓰기

바래길 첫사랑

깊고 푸른 바닷속
그리운 사람에게

편지 몰래 건네주고
막 돌아오는 길인가 봐

얼굴 저렇게
단감 빛인 걸 보면.

고두현 따라쓰기

묵언

뜨겁다.
손, 놔라.

오래 견뎠다가
그대 처음 만난 날.

고두현 따라쓰기

사랑니

슬픔도 오래되면 힘이 되는지
세상 너무 환하고 기다림 속절없어
이제 더는 못 참겠네.
온몸 붉디붉게 애만 타다가
그리운 옷가지들 모두 다 벗고
하얗게 뼈가 되어 그대에게로 가네.
생애 가장 단단한 모습으로
그대 빈 곳 비집고 서면
미나리밭 논둑길 가득
펄럭이던 봄볕 어지러워라.

철마다 잇몸 속에서 가슴 치던 그 슬픔들
오래되면 힘이 되는지
내게 남은 마지막 희망
빛나는 뼈로 솟아 한밤내 그대 안에서
꿈같은 몸살 앓다가
끝내는 뿌리째 사정없이 뽑히리라는 것
내 알지만 햇살 너무 따뜻하고
장다리꽃 저리 눈부셔 이제 더는
말문 못 참고 나 그대에게로 가네.

고두현 따라쓰기

간밤에

눈이 오신다고
잠 깰까 봐
전화 대신 이렇게
메일로 보낸다고

눈길 속을 소리 없이 왔다 간
네 발자국 때문에
새벽꿈이 그리
뽀드득거렸나.

고등학 따라쓰기

쌍계사 십 리 벚꽃2

쌍계사 벚꽃길은 밤에 가야 보이는 길
흩날리는 별빛 아래 꽃잎 가득 쏟아지고
두 줄기 강물 따라 은하가 흐르는 길

쌍계사 벚꽃길은 밤에 가야 빛나는 길
낮 동안 물든 꽃잎 연분홍 하늘색이
달빛에 몸을 열고 구름 사이 설레는 길

쌍계사 벚꽃길은 둘이 가야 보이는 길
왼쪽 밑동 오른쪽 뿌리 보듬어 마주 잡고
갈 때는 두 갈래 길, 올 때는 한 줄기 길

꽃 피고 지는 봄날 몇 해를 기다렸다
은밀히 눈 맞추며 한 생을 꿈꾸는 길.

고두현 따라쓰기

상생 相生

그리움 너무 깊어 연지에 닿으시면
제 마음 가득한 물결 그곳에
있습니다. 연잎이 아니 뵈면
목란배 묶어놓고 새벽빛 푸를 때까지
물 곁에 머무소서. 이슬 맑은 바람 아래
부끄러이 가둔 꽃잎, 견디고 견디다가
향기진 봉오리 끝 터지는 그 소리를
아소 님만 혼자 들으소서.

고등학헌 따라쓰기

반달

심장이
나의 반을 두들기면서

두근두근 몸 전체를
뛰게 만들듯

비스듬히 옷섶 열고
가슴 한 켠 보여 주는 당신

밤과 낮 다른 곳에서도
우리 이렇게 절반씩 몸 맞추는

참 좋은
초가을 밤.

고등학생 따라쓰기

부석사 봄밤

무량수전 배흘림기둥
가만히 손대고 눈 감다가
일천이백 년 전 석등이
저 혼자 타오르는 모습
보았습니다.

하필 여기까지 와서
실낱같은 빛 한 줄기
약간 비켜선 채
제 몸 사르는 것이

그토록 오래 불씨 보듬고
바위 속 비추던 석등
잎 다 떨구고 대궁만 남은
당신의 자세였다니요.

고두현 따라쓰기

2부

짝사랑

물미해안에서 보내는 편지

저 바다 단풍 드는 거 보세요.
낮은 파도에도 멀미하는 노을
해안선이 돌아앉아 머리 풀고
흰 목덜미 말리는 동안
미풍에 말려 올라가는 다홍 치맛단 좀 보세요.
남해 물건리에서 미조항으로 가는
삼십 리 물미해안, 허리에 낭창낭창
감기는 바람을 밀어내며
길은 잘 익은 햇살 따라 부드럽게 휘어지고
섬들은 수평선 끝을 잡아
그대 처음 만난 날처럼 팽팽하게 당기는데
지난여름 푸른 상처
온몸으로 막아 주던 방풍림이 얼굴 붉히며
바알갛게 옷을 벗는 풍경
은점 지나 노구 지나 단감 빛으로 물드는 노을
남도에서 가장 빨리 가을이 닿는
삼십 리 해안 길, 그대에게 먼저 보여주려고
저토록 몸이 달아 뒤척이는 파도
그렇게 돌아앉아 있지만 말고
속 타는 저 바다 단풍 드는 거 좀 보아요.

고두현 따라쓰기

별에게 묻다

천왕성에선
평생 낮과 밤을
한 번밖에 못 본다.
마흔두 해 동안 빛이 계속되고
마흔두 해 동안은 또
어둠이 계속된다.
그곳에선 하루가
일생이다.

남해 금산 보리암
절벽에 빗금 치며 꽂히는 별빛
좌선대 등뼈 끝으로
새까만 숯막 타고 또 타서
생애 단 한 번 피고 지는
대꽃 틔울 때까지

너를 기다리며
그립다 그립다

밤새 쓴 편지를 부치고

고두현 따라쓰기

돌아오는 아침
우체국에서 여기까지
길은 얼마나
먼가.

고두현 따라쓰기

빗살무늬 추억

청동 바람이
종을 때리고 지나간다.
화들짝 놀란 새가
가슴을 친다.

좌로 한 뼘쯤
기우는 하늘

별똥별이
내 몸속으로
빗금을 치며 지나간다.

고두현 따라쓰기

목련이 북향으로 피는 까닭

해마다
목련이 북향으로 피는 것은
햇살 잘 받는
남쪽 잎부터 자라기 때문이네.

내 마음
남쪽서 망울져 북쪽으로 벙그는 건
그대 사는 윗마을에
봄이 먼저 닿는 까닭이네.

고두현 따라쓰기

남으로 띄우는 편지

봄볕 푸르거니
겨우내 엎드렸던 볏짚
풀어놓고 언 잠 자던 지붕 밑
손 따숩게 들춰보아라.
거기 꽃 소식 벌써 듣는데
아직 설레는 가슴 남았거든
이 바람 끝으로
웃섶 한 켠 열어두는 것
잊지 않으마.
내 살아 잃어버린 중에서
가장 오래도록
빛나는 너.

고두현 따라쓰기

마음의 등짐

들었을까 그대
밤새도록 뿌리 틀며
몸살 앓는 산맥 소리
쿵쾅이며 새벽까지
잠 못 드는 강물 소리
비 그친 들판 너머
집채만 한 그리움이
온몸에 기둥을 지고
산을 옮겨 쌓는 소리

고두현 따라쓰기

먼 그대

촛대바위 돌 틈
뾰족하게 솟은 석란.

당신 처음 본 뒤
그냥 지나는 날 하루도 없었지요.

칼바람에
얼마나 몸을 벼렸으면
아아, 그토록
날이 섰나요.

고등헌 따라쓰기

짝사랑

빈 들판 한가운데
홀로 젖는 산

꽃잎 진 자리마다
새로 돋는 남녘 길을

제 몸의 상처 지져
찻잎 따러 가던 사람아.

고두현 따라쓰기

만리포 사랑

당신 너무 보고 싶어
만리포 가다가

서해대교 위
홍시 속살 같은
저 노을

천리포
백리포
십리포

바알갛게 젖 물리고
옷 벗는 것
보았습니다.

고두현 따라쓰기

길 밖에서 너를 기다리며

성을 쌓는 자 망하고
길을 내는 자 흥한다는데

성을 쌓으면 울이 자라고
길을 내면 새가 난다는데

한 봄 내내

울 안에 나를 가두고
길 밖에서 너를 기다렸구나.

고두현 따라쓰기

아직 태어나지 않은 말

폴로니어스*처럼 그는 당부했지.
아주 익숙한 눈짓으로.

생각한 걸 입 밖에 내지 마라.
혀로써 생각하지 말고
생각한 뒤에도 함부로 움직이지 말고
행동한 뒤에도 입을 다물어라.
돛배에 바람을 불어넣는 것은
입이 아니다.
가시덤불에 불을 붙이는 것이나
지구를 돌리는 것도
혀가 아니다.

무엇보다
진짜 말은 아직 태어나지 않았다.

---

* 폴로니어스 : 셰익스피어의 『햄릿』에서 햄릿의 실수로 목숨을 잃은 인물.

고두현 따라쓰기

별을 위한 연가

한 사람이 평생
가꾼 숲을
누군가 일순간에
베어버리고

한 은하가 잠깐
밝힌 빛을
누군가 일생 동안
바라보며 산다.

고득현 따라쓰기

달의 뒷면을 보다
— 바래길 연가·섬노래길

송정 솔바람해변 지나 설리 해안 구비 도는데
벌써 해가 저물었다

어두운 바다 너울거리는 물결 위로
별이 하나 떨어지고
돌이 홀로 빛나고
그 속에서 또 한 별이 떴다 지는 동안
반짝이는 삼단 머리 빗으며
네가 저녁 수평선 위로 돛배를 띄우는구나

밤의 문을 여는 건 등불만이 아니네

별에서 왔다가 별로 돌아간 사람들이
그토록 머물고 싶어 했던 이곳
처음부터 우리 귀 기울이고
함께 듣고 싶었던 그 말
한때 밤이었던 꽃의 씨앗들이
드디어 문 밖에서 열쇠를 꺼내 드는 풍경

목이 긴 호리병 속에서 수천 년 기다린 것이

고두현 따라쓰기

지붕 위로 잠깐 솟았다 사라지던 것이
푸른 밤 별똥별 무리처럼 빛나는 것이

오, 은하의 물결에서 막 솟아오르는
너의 눈부신 뒷모습이라니!

고두현 따라쓰기

직녀

갑사 깃
버들잎이
눈썹달로 뜨는
강

참방이는
물밑 길을
은하가
흘러가고

열두 새
촘촘한 베틀

별이
총총
박혀라.

고두현 따라쓰기

3부

내가 마구간에서 태어났을 때

늦게 온 소포

밤에 온 소포를 받고 문 닫지 못한다.
서투른 글씨로 동여맨 겹겹의 매듭마다
주름진 손마디 한데 묶어 도착한
어머님 겨울 안부, 남쪽 섬 먼 길을
해풍도 마르지 않고 바삐 왔구나.

울타리 없는 곳에 혼자 남아
빈 지붕만 지키는 쓸쓸함
두터운 마분지에 싸고 또 싸서
속엣것보다 포장 더 무겁게 담아 보낸
소포 끈 찬찬히 풀다 보면 낯선 서울살이
찌든 생활의 겉꺼풀들도 하나씩 벗겨지고
오래된 장갑 버선 한 짝
해진 내의까지 감기고 얽힌 무명실 줄 따라
펼쳐지더니 드디어 한지더미 속에서 놀란 듯
얼굴 내미는 남해산 유자 아홉 개.

「큰 집 뒤따메 올 유자가 잘 댔다고 멋 개 따서
너어 보내니 춥울 때 다려 먹거라. 고생 만앗지야
봄 볕치 풀리믄 또 조흔 일도 안 잇것나. 사람이

고두현 따라쓰기

다 지 아래를 보고 사는 거라 어렵더라도 참고
반다시 몸만 성키 추스리라」

헤쳐놓았던 몇 겹의 종이
다시 접었다 펼쳤다 밤새
남향의 문 닫지 못하고
무연히 콧등 시큰거려 내다본 밖으로
새벽 눈발이 하얗게 손 흔들며
글썽글썽 녹고 있다.

고두현 따라쓰기

내가 마구간에서 태어났을 때

생의 첫 장면은 종종
믿을 수 없는 순간 펼쳐진다.

보리 흉년 젖배 곯던
명절 코앞 신새벽
하필이면 주인집 만삭

같은 용마루 아래
두 산모 해산 못 해
안채서 먼 마구간

소가 김을 뿜을 때마다
하얗게 빛나던 짚풀더미와
쇠스랑의 뿔

송아지 옹알이하며
구유 곁에 희부윰
드러눕고

그 짧은 부싯돌로
문틈 비추며 기웃
들여다보던 달빛.

고두현 따라쓰기

빈자리

열네 살 봄
읍내 가는 완행버스
먼저 오른 어머니가 닁들 곳 앉세
먼지 닦는 시늉하며 빈자리 막고 서서
더디 타는 날 향해 바삐 손짓할 때

빈자리는 남에게 양보하는 것이라고
아침저녁 학교에서 못이 박힌 나는
못 본 척, 못 들은 척
얼굴만 자꾸 화끈거렸는데

마흔 고개
붐비는 지하철
어쩌다 빈자리 날 때마다
이젠 여기 앉으세요 어머니
없는 먼지 털어 가며 몇 번씩 권하지만

괜찮다 괜찮다, 아득한 땅속 길
천천히 흔들리며 손사래만 연신 치는
그 모습 눈에 밟혀 나도 엉거주춤
끝내 앉지 못하고.

고두현 따라쓰기

그 숲에 집 한 채 있네
— 물건방조어부림 2

그 숲 그늘 논밭 가운데 작은 집 하나
방학 때마다 귀가하던 나의 집

중학 마치고 대처로 공부 떠나자
머리 깎고 스님 된 어머니의 암자

논둑길 겅중 뛰며 마당에 들어서다
꾸벅할까 합장할까 망설이던 절집

선잠 결 돌아눕다 어머니라 불렀다가
아니, 스님이라 불렀다가

간간이 베갯머리 몽돌밭 자갈 소리
잘브락대는 파도 소리 귀에 따습던

그 집에 와 다시 듣는 방풍림 나무 소리
부드럽게 숲 흔드는 바람 소리 풍경 소리.

먼 바다 기억 속을 밤새워 달려와선
그리운 밥상으로 새벽잠 깨워 주던

고두현 따라쓰기

후박나무 잎사귀 비 내리는 소리까지
오래도록 마주 앉아 함께 듣던 저 물소리.

고두현 따라쓰기

참 예쁜 발

우예 그리 똑같노.

하모, 닮있다 소리 많이 듣제.
바깥 추운데 옛날 생각나나.
여즉 새각시 같네 그랴.

기억 왔다갔다할 때마다
아들 오빠 아저씨 되어
말벗 해드리다가 콧등 뜨거워지는 오후
링거 줄로 뜨개질을 하겠다고
떼쓰던 어머니, 누우신 뒤 처음으로
편안히 주무시네.

정신 맑던 시절
한 번도 제대로 뻗어보지 못한 두 다리
가지런하게 펴고 무슨 꿈 꾸시는지
담요 위에 얌전하게 놓인 두 발
옛집 마당 분꽃보다 더
희고 곱네. 병실이 환해지네.

고두현 따라쓰기

거룩한 손

빗방울 떨어지자 공원에서 놀던 아이들
황급히 집으로 간다. 한 아이가 돌아와
커다란 플라스틱 휴지통을 뒤집어놓고 들어간다.
"빗물 고이면 청소 아줌마 힘들까 봐……"
등에 묻은 빗방울 털며 환하게 웃는 손.

어린 날 마당 귀퉁이 사금파리 놀이하다
추녀에 비 들칠 때 댓돌 위에 비 맞고 누운
고무신 젖을까 봐 얼른 뒤집어놓고
손 지붕으로 가려주던 기억

철들고 마냥 설레던 날
젖은 나뭇잎에 써 보낸 편지 뒷장 같은 그것
아침 햇살에 선잠 깰까
여린 이마 부챗살로 가려주던 그것

어느 구름에서 비 내릴지 모른다며
세상일 하나씩 덮어두는 법도 배우라던
어머니 마지막 눈 감겨드리고
오래도록 거두지 못한 그 손.

고두현 따라쓰기

한여름

남녘 장마 진다 소리에
습관처럼 안부 전화 누르다가
아 이젠 안 계시지……

고독현 따라쓰기

땅 이야기

내게도 땅이 있다.
바다가 내려다보이는 상주중학교 뒷산
철 따라 고운 꽃 피기도 잃고
돈 주고 사자는 사람도 없는
남해 상주 바닷가 언덕
한 평 못 차는 잔디 풀밭 거기
평생 남긴 것 없는 아버지의 유산이
헌 옷으로 남아 있다.

저 눕고 싶은 곳 찾아
아무데나 자리잡으면 그 땅이 제 땅 되는
우리들 아버지의 아버지대로부터
사람들은 기억하기 위해 무덤을 만들고
더욱 잊지 않기 위해 비를 세웠다지만
중학에 들어가자마자 돌아가신 아버지를 위해
나는 학교 옥상에서 그 언덕빼기
공동묘지를 바라보는 것 외에는
아무것도 세우질 못했다.

철 들고 부끄럼 알 때 즈음

고두현 따라쓰기

흙이 모여 돈이 되고 묘 자리도 잘라서 팔면
재산이 된다는 나라
시내버스로 휴일 한나절
쉽게 벌초도 하고 오는 근교 공원묘지
아파트처럼 분양을 받고
중도금 잔금 치러가며 화사하게 다듬은
비명들 볼 때마다 죄가 되어
나도 햇살 좋은 곳 어디
한 열두 평쯤 계약을 할까.

그런 날은 더 자주 꿈을 꾸고
잠 속에서 좁은 자리 돌아누우며
손 부비는 아버지
고향길 멀다는 것만 핑계가 되는 밤이
깊어갈수록 풀벌레 소리 적막하고
간간이 등 다독이는 손길 놀라
잠 깨보면 쓸쓸한 봉분 하나
저녁마다 내 곁에 와 말없이 누웠다가
새벽이면 또다시 천리 남쪽 길 떠나는
아픈 내 땅 한 평.

고두현 따라쓰기

집 우宇, 집 주宙

천자문 처음 배울 때
아버지는 왜 그렇게 천천히 발음했을까
집 우宇
집 주宙

남해군 서면 정포리 우물마을
유자나무가 많은 그 마을에선
우물에서 유자 향이 났고
꿀 치는 벌통에도 유자꽃이 붕붕 날아다녔다

먼 북방 땅까지 가는 동안
짊어지고 간 집과
따뜻한 남쪽까지 오는 동안
벗어놓고 온 집
모시밭 한가운데 부려놓고

흙 볏짚에 물을 주는 아버지
수건 벗어 먼 데 보며
하시던 말씀

고두현 따라쓰기

한 그루만 있어도 자식 공부 다 마친다는
저 유자나무, 대학나무 없어도
집만 잘 앉히면 된다고
네가 곧 집이라고

해 질 녘 밥때 넌길 떡미디
장모음으로 일러 주던
옛 집터에 와 생각노니
왜 그때는 몰랐을까

내가 그토록 가닿고 싶었던
바다 건너 땅 끝에서
여태까지 가장
오래 바라본 곳이
바로 여기였다는 걸.

고두현 따라쓰기

아버지의 빈 밥상

정독도서관 회화나무
가지 끝에 까치집 하나

삼십 년 전에도 그랬지
남해 금산 보리암 아래
토담집 까치둥지

어머니는 일하러 가고
집에 남은 아버지 물메기국 끓이셨지
겨우내 몸 말린 메기들 꼬득꼬득 맛 좋지만
밍밍한 껍질이 싫어 오물오물 눈치 보다
그릇 아래 슬그머니 뱉어 놓곤 했는데
잠깐씩 한눈팔 때 감쪽같이 없어졌지

애야 어른 되면 껍질이 더 좋단다

맑은 물에 통무 한쪽
속 다 비치는 국그릇 헹구며
평생 겉돌다 온 메기 껍질처럼
몸보다 마음 더 불편했을 아버지

고등헌 따라쓰기

나무 아래 둥그렇게 앉은 밥상
간간이 숟가락 사이로 먼 바다 소리 왔다 가고
늦은 점심, 물메기국 넘어가는 소리에
목이 메기도 하던 그런 풍경이 있었네

예 길 닦사시 그 모습 지켜봤을
까치집 때문인가, 정독도서관 앞길에서
오래도록 떠나지 못하고
서성이는 여름 한낮

고두현 따라쓰기

하석근 아저씨

참말로
아무 일 없다는 듯
이제 그만 올라가 보자고
20리 학교 길 달려오는 동안 다 흘리고 왔는지
그 말만 하고 앞장서 걷던 하석근 아저씨.

금산 입구에 접어들어서야
말이 귀에 들어왔습니다.
너 아부지가 돌아가셨……

그날 밤
너럭바위 끝으로
무뚝뚝하게 불러내서는
앞으로 아부지 안 계신다고 절대
기죽으면 안 된대이, 다짐받던

그때 이후
살면서 기죽은 적 없지요.

딱 한 번, 알콩으로 꿩 잡은 죄 때문에

고두현 따라쓰기

두 살배기 딸 먼저 잃은 아저씨
돌덩이 같은
눈물 앞에서만 빼면 말이에요.

그날 이후.

고두현 따라쓰기

풍란 절벽

소나무 뿌리 끝에 복령 덩어리도 금방 캐고
비 온 뒤 나무에 올라 목이버섯도 쉽게 따던
하석근 아저씨가 그날은 맑은편 절벽에서
진땀을 흘렸다. 미끄러운 바위 틈새
까마득히 오르느라 하얗게 질린 끝에
아슬아슬 풀 한 포기 안고 내려왔다.

무슨 풀인가 봤더니 석란石蘭보다 몇 배나 더
값을 쳐준다는 풍란風蘭이라 했다.

그냥 바위틈에 핀 석란보다
바람 먹고 자란 풍란이 귀하기는 하겠지만
갓난쟁이 딸 첫돌 맞은 지 이틀도 안 돼
천애 절벽 기어 올라갈 일은 아니었다.

어부들은 바다에서 짙은 해무를 만나 길을 잃었을 때
풍란꽃 향기를 맡고 육지가 가까운 걸 알았다는데
아서라, 풍랑도 없는 낭떠러지
돌무더기 떨어지듯 허망하게 스러지고 만
두 살배기 딸 새벽 산에 묻고 난 뒤

고두현 따라쓰기

하석근 아저씨 다시는 풍란 절벽을 오르지 않았다.

풍란 잎사귀 하나가 백만 원까지 치솟던 시절이었다.

고두현 따라쓰기

오래된 길이 돌아서서 나를 바라볼 때

늘 뒤따라오던 길이 나를 앞질러 가기 시작한다.
지나온 길은 직선 아니면 곡선
주저앉아 목 놓고 눈 감아도
이 길 아니면 저 길, 그랬던 길이
어느 날부터 여러 갈래 여러 각도로
내 앞을 질러간다.

아침엔 꿈틀대는 리본처럼 푸르게
저녁엔 칭칭대는 붕대처럼 하얗게
들판 지나 사막 지나 두 팔 벌리고
골짜기와 암벽 지나 성긴 돌 틈까지

물가에 비친 나뭇가지 따라 흔들리다가
바다 바깥 먼 항로를 마구 내달리다가
어느 날 낯빛을 바꾸면서 이 길이 맞느냐고
남 얘기하듯, 천연덕스레 내 얼굴을 바라보며
갈래갈래 절레절레

오래된 습관처럼 뒤따라오던 길이 갑자기
앞질러 가기 시작하다 잊은 듯
돌아서서 나에게 길을 묻는 낯선 풍경.

고등학편 따라쓰기

정년 직전

삼십오 년간 일정한 보폭으로 건너던 횡단보도에서
발목을 접질렸다. 갑자기 헐거워진 길
압박붕대로는 안 되겠어 보험이라도 늘려야지
발등에 불 떨어질 때마다 화닥닥거리던 마음이
늘어난 인대만큼 느슨해진다.

남은 석 달은 출근 않고 골목길로 다니는 연습
첫 방학 맞은 학생처럼 첫 눈송이에 달뜬 강아지처럼
겨울 나는 동안 봄꽃 모종을 키우면서
산더미 원고들도 다시 비춰보면서

아침 버스 지하철도 한 시간쯤 더디 붐빌 거야.
줄어드는 가판대 신문 제호를 비추는 햇살이
부드러운 온열로 내 발목을 어루만질 때

이젠 신호등이 황급히 바뀌더라도 더 이상
화들짝거리지 않고 발목 접질릴 일 없이
길 위에 드러누운 흰 종이띠까지 천천히
들춰보며 지날 수 있을 거야.
바로 여기서 저기 저쪽까지.

고두현 따라쓰기

4부
맹인 안마사의 슬픔

저무는 우시장

판 저무는데

저 송아지는
왜
안 팔아요?

아,
어미하고
같이 사야만 혀.

고두현 따라쓰기

발왕산에 가보셨나요

용평 발왕산 꼭대기
부챗살 같은 숲 굽어보며
곤돌라를 타고 올라갔더니
전망대 이층 식당 벽을
여기 누구 왔다 간다, 하고
빼곡이 메운 이름들 중에
통 잊을 수 없는 글귀 하나.

'아빠 그동안 말 안드러서
죄송해요. 아프로는 잘 드를께요'

하, 녀석 어떻게 눈치챘을까.
높은 자리에 오르면
누구나 다
잘못을 빌고 싶어진다는 걸.

고두현 따라쓰기

달과 아이들

아프리카에선 죽은 사람에게
달의 이름을 붙여준다.
사람은 없고
달만 있다.
믿을 수 있는 건 모두
하늘에 있고
아이들은
날 때부터
그렇게 배운다.
사람보다는
사물에 더 자주 귀를 기울여라.

고두현 따라쓰기

빨간색 차만 보면

경남 통영 한 마을
빨간색 승용차 문에 누가 자꾸
돈을 끼워두고 사라진다.

며칠 전에 만 원, 그 전엔 5만 원,
오늘은 족발 담은 비닐봉지까지
꼬깃꼬깃 접은 마음 어찌하나 어찌하나.

돌려줄 길 없어 지구대 찾았더니
폐쇄회로 속 할머니
홀로 육 남매 키운 치매 초기
아들 차와 같은 색 차만 보면
운전석 손잡이에 돈을 끼워 넣는다.

공부 못 시킨 것이 너무 미안해서
용돈하고 먹을 것 좀
놔두고 왔지……
그러면서 돌려받은 21만 원
또 치마 속에 꼬깃꼬깃 접어 넣는다.

고두현 따라쓰기

우득 씨의 열한 시 반

또 늦는다는 택배 문자
저녁 아홉 시까지는 종료해야 하는데
밤 열한 시 반까지 갖다 드리겠다고
양해 바란다고 또 주억거리며
고개 숙이는 문자 앞에서 한풀 더 죽는
우득 씨

손가락 빈틈으로 박스 안간힘 내리고 올리며
짐수레 옮기는 우득 씨의 퇴근 시간은 늘
열한 시 반, 그제사 집으로 배달되는
마지막 택배는 그의 몸뚱아리

그래도 출근은 빨라 남보다 한 시간 먼저
일 시작하는데 언제쯤 아홉 시에 끝낼 수 있을까
문자도 깔끔하게 마감할 수 있을까
아킬레스건 한 줄 끊어진 뒤로 한사코
뒤꿈치 절룩이는 걸 숨기며 걷는
우리 동네 우득 씨.

고두현 따라쓰기

노숙인과 천사
— 서울역, 2021년 1월 18일 오전 10시 30분

갑자기 눈이 쏟아졌다.
낡은 수면 바지, 얼룩진 군복 상의
해진 운동화 차림의 노숙인이 구부정히 서 있다.
모두들 종종걸음

한 남자가 멈춰 섰다.
잠시 후 외투를 벗어 입혀 줬다.
주머니를 뒤져 장갑을 꺼내 줬다.
또 무언가를 건넸다.
오만 원짜리였다.

소낙눈 피해 서울역 지붕 밑에 섰던
사진기자가 그 모습 발견하고
정신없이 셔터를 눌렀다.
34초간 27장, 날리는 눈송이 때문에
핀이 맞은 사진은 몇 장 되지 않았다.

그사이에 사람들은 중계하듯 말했다.
잠바를 벗어 주네, 장갑도 줬어, 이야 돈까지……
사진이 제대로 찍혔는지 살펴본 기자가

고득현 따라쓰기

황급히 쫓아갔지만 남자는 총총히 사라졌다.

아무 일도 없었던 듯
그 자리를 눈발이 하루 종일
솜이불처럼 덮었다.

고두현 따라쓰기

맹인 안마사의 슬픔

우리를 가장 괴롭히는 사람이
누군지 아세요?

반맹이에요.

반쯤 맹인인 사람들.

고등학현 따라쓰기

망고 씨의 하루

지쳐 퇴근하던 길에
망고를 샀다.

다 먹고 나자
입안이 부풀었다.

저 달고 둥근 과즙 속에
납작칼을 품고 있었다니

아프리카로부터
여기까지 오는 동안

노예선을 탔구나.
너도.

고두현 따라쓰기

밥에 관한 생각

냉장고 문에
에티오피아 아이들
굶는 사진 붙여놓고 석 달에 한 번
용돈으로 성금 채우는 건이 녀석,
장난치다가 짐짓
눈길 굶어지는 표정

아내가 달덩이 같은
밥상을 들고 들어올 때
누군가 수저를 놓고 쨍, 지구의
반대편으로 돌아가는 소리
들린다.

먹는 일의 성스러움이란
때로 기품 있게 굶는 일.
식구들 모여
오래오래 냉장고 문을
바라보는 것이기도 하다.

고두현 따라쓰기

진미 생태찌개

마포 용강동 옛 창비 건물 맞은편에
진미 생태찌개집이 있는데요.
일일이 낚시로 잡아 최고 신선한 생태만 쓴다는
술 마신 다음 날 그 집에 사람들 모시고 가면
자리 없어 한 시간쯤 기다렸다 먹기도 하는데요.

한 사람은 거참 좋다 감탄사를 연발하고
또 한 사람은 아무 말 없이 숟가락질 바쁘고
다른 한 사람은 감탄사와 말없음표 번갈아 주고받다
이 좋은 델 왜 이제야 알려 주느냐고
눈 흘기며 원망하는 집이지요.

가끔은 생태 입에서 낚싯바늘이 나오기도 한다는
그 집 진미 생태찌개처럼
싱싱하고 담백하면서 깊은 맛까지 배어나는,

한 사람이 그 양반 참 진국일세 칭찬하고
또 한 사람이 아무 말이 필요 없는 사람이라 하고
다른 한 사람은 왜 이제야 우리 만났느냐고 눈 흘기는
그런 사람이 바로 나였으면 좋겠다고 생각하는
그 집을 저는 아주 아주 좋아합니다.

고두현 따라쓰기

20분

아침 출근길에
붐비는 지하철
막히는 도로에서 짜증날 때
20분만 먼저 나섰어도……
날마다 후회하지만
하루에 20분 앞당기는 일이
어디 그리 쉽던가요.

가장 더운 여름날 저녁
시간에 쫓기는 사람들과
사람에 쫓기는 자동차들이
노랗게 달궈 놓은 길옆에 앉아
꽃 피는 모습 들여다보면

어스름 달빛에 찾아올
박각시나방 기다리며
봉오리 벙그는 데 17분
꽃잎 활짝 피는 데 3분

날마다 허비한 20분이
달맞이꽃에게는 한생이었구나.

고등학력 따라쓰기

숨

올림픽 금
궁사 김제덕이
시위 메우며 숨 멈추고
과녁의 거리를 재는 동안
심박수가 분당 170까지 뛰었다.
평소의 세 배였다.

꿀벌보다 빨리
날갯춤 추는 벌새가
꽃술 앞에 정지 자세로
꿀을 빨아들이는 순간
심박수가 1,000을 넘었다.
휴식 때의 스무 배였다.

둘 다
깃발 속에 바람을 감추고
들숨 날숨
한 번밖에 쉬지 않았다.

고두현 따라쓰기

오목

금산산장 노할머니
일흔여덟,
바둑판 같은 생 펼치고
오목을 놓으시네.

가고 싶은 길 참 많았제,
못 가는 길 더 많았지만.

서울서 내려온 딸이
어머니, 그쪽은 절벽이에요
오냐 그러면 이렇게 놓제.

길은 미끄럽기도 하고 굽어졌다 펴지기도
하면서 바둑판을 몇 굽이째 도는데
세상의 모든 길이 흑 아니면 백,
끊어질 듯 이어지는 길 따라
바둑돌은 저희끼리 잘그락거리며
몸을 부딪네.

밖에는 먼 길 가는 산꿩들

고두현 따라쓰기

다섯 발자국씩
총, 총, 총, 총, 총
점을 찍고

노할머니 딸네 둘이
첩첩 산 골짜기마다
오촉짜리 등불을 켜 다네.

고두현 따라쓰기

외포리에서

대체 끝이 없다니
물 건너 보문사로 가기 위해
배를 기다리면서 나는 불안하다.
발을 헛디디며
서 있다는 것
중력 그 자체가 나를 흔드는 것은
아니다. 이미 해가 저물고
뭍을 떠나는 막배의 뒷줄에 매달려
몸을 움츠리는 그 조급증이
위태로운 것이다.
언제나 처음 떠난 곳으로부터
그리움은 자라지만
노을이 물소리를 한 겹씩 접어 넣고
공터를 가로질러 오는 동안 나는
아직 섬의 이쪽에 있다.
파도가 점점 무거워지면서
이젠 다음 세기가 저 위를 덮으리라.
안개처럼 등을 눕히는 낙조
갑자기
등뒤에서 갈매기 한 마리가

고두현 따라쓰기

바다로 뛰어든다.
아뿔싸, 이곳에서
비로소 말末을 본다.

고두현 따라쓰기

5부

망덕포구에 그가 산다

너를 새기다
— 바래길 연가·앵강다숲길

다랭이마을에서
앵강다숲길로 접어들 때
너는 말했지

필사筆寫란 누군가를 마음에 새겨 넣는 일
그 속으로 가장 깊이 들어가는 것

일흔 괴테와 열아홉 울리케가 밤마다
먼 입맞춤을 봉인하던 마리엔바트의 비가처럼
나도 몸속 나이테 깊이 너를 새겨 넣을 수 있다면,

버드나무 하늘하늘 부드럽게 흔들리는
그 가지 한 줄기씩 바람에 새겨 넣을 수 있다면,
책갈피를 넘길 때마다 한 소절씩
네 속에 빗살무늬 노래를 그려 넣을 수 있다면,

해변의 나무들이 일제히 몸을 뉘일 때
그쪽으로 고개 돌리는 네 흰 목덜미
그 눈부신 악보를 받아 적을 수 있다면,

고두현 따라쓰기

그때까지 차마 못한 첫 모음의 아아아 둥근 그
사랑의 음절들을 온전히 다
너에게 새겨 넣을 수 있다면,

층층계단 다랭이논길 따라
앵강만 달빛이 흥건하게 우릴 적시던
그날 밤의 긴 여로처럼.

고두현 따라쓰기

동전을 줍다

너도 나처럼 한때는 누구 손에서
땀에 젖은 숫자를 세며 마음 졸이고
또 한때는 그리운 사람의 음성 타고
전화박스에서 몸을 떨기도 했겠지.

앞서 간 사람들 숱하게 밟고 간 흙바닥에
풀 죽어 묻혀 있던 너를 보는 순간
얼마를 기다렸을까.
어머니 돌아가시기 전
사람이 다 지 아래를 보고 사는 거라……

키 큰 나무 올려다볼 때마다
손금 사이로 나직나직 말을 건네는 너.
오, 우리에게도 등불처럼 두 손 오므리고
함께 노숙의 밤을 밝히던 그런 시절이 있었네.

고두현 따라쓰기

김밥천국

천 원짜리 한 장이면

미얀마 소아마비 아이 다섯 구하고
캄보디아 지뢰밭 삼분의 일 제곱미터 걷어내고
아프가니스탄 어린이 다섯 명에게 교과서와
방글라데시 아이들 스무 명에게
피 같은 우유 한 컵씩 줄 수 있고
몽골 사막에 열 그루의 포플러를 심을 수 있다는데

종로1가 커피빈 화사한 불빛 그늘
반들반들 참기름 두른
천 원짜리 김밥집에서
연거푸 두 번이나
천국의 문을 넘는
나의 목구멍이여.

고두현 따라쓰기

눈 녹이는 남자

북극 한파 폭설로
꽁꽁 언 새벽

느닷없는 굉음에
문 열고 내다보니
연막소독기 같은 화염방사기로
빙판길을 녹이는 사내.

두 시간 넘게 화통을 쏜 그가
이마를 훔치는 동안
도심 건물 사이로
김이 모락 피어났다.

밤새워 지구 발바닥 덥히고
단잠에 빠진 사내.

무사히 일과를 끝낸 뒤
또 누구 어깨 다독이는지
가끔씩 팔을 움찔거리며
한쪽 입술을 실룩이며

고두현 따라쓰기

꿈속에서도 화통을 쏘는지
코 고는 소리 요란한
저 눈밭의 성자.

방사기를 짊어진 채
모로 누운 그의 등에서도
김이 모락 피어났다.

고두현 따라쓰기

마스크 대화

모두가
입을 가리니

비로소

눈이
보이네.

고두현 따라쓰기

상강霜降 아침

발밑 어두운 줄 모르고
고개 빳빳이 들고 다니다
바삭,
서릿발
밟은 아침

아뿔싸,
지금
땅속으로
막 동면할 벌레들
숨어드는 때 아닌가.

고두현 따라쓰기

튤립 뿌리에선 종소리가 난다

겨울이 지난 뒤에야 알았네.
전쟁의 신 마르스도 정원지기였다는 걸.

누군가는 지하 무덤에 들고
누군가는 지상 봉분에 눕지.
꽃의 알뿌리는 봉분을 닮았네.
혹한에 몸 눕히고 뿌리로 남아
대지에 입을 물리는 어머니 젖무덤 같은 것.

지난겨울은 혹독했지. 발밑으로
흙덩이를 뭉치며 나는 땅속 깊이 집을 지었네.
그래서 내 몸에선 둥근 소리가 나지.
눈과 코, 심장을 도는 물관들이
내 뿌리를 둥글게 감싸듯 내 입도 둥글다네.

그곳에서 벌레들만 아는 비밀을 공유하며
천둥과 태풍, 눈보라 닮은 씨눈을 준비했지.
알뿌리의 운명은 때로 가혹하면서도 따뜻해
봄 정원에 앉으면 꽃에서 구근 냄새가 난다네.

고두현 따라쓰기

튤립 뿌리들이 땅 밑에서 겨울을 나는 동안
우주 저편에서 숨죽이던 별,
하늘정원의 별똥만 한 구근으로 빛나고
내 몸에서는 종일 둥근 소리가 난다네.

누군가의 봉분 같고 누군가의 젖가슴 같은
깊고 낮은 종소리.

고등학교 따라쓰기

유쾌한 벌초

이렇게 화창한
공원묘지
봉긋봉긋 다정한 무덤

손등
어루만질 때마다
움찔거리는 배꼽

언제 다 벗기나
혼자서
저 많은 배냇저고리

구름이 옷섶 열고
풀섶을
쓰다듬는 동안

스스로
움직일 수 없는 것들이
하나둘 몸을 풀고

고두현 따라쓰기

샛바람

소매 끝동으로

손바닥이 길바닥을 밀고 가네.

고두현 따라쓰기

지상에서 천국까지

소변기가 세 개 있다.
몇 발짝 더 가서 세 번째 앞에 선다.
첫 번째는 너무 많은 세례를
받았으므로 비워 두고

버스에서 타고 내릴 때
문 앞자리는 비워 둔다.
나보다 급한 사람
금방 타고 내릴 것 같아

공원묘지 봉분이 여럿 있다.
입구에서 가장 먼 곳까지 가 눕는다.
걸음 늦어 천국에 지각할
뒷사람을 생각하며.

고두현 따라쓰기

몽파르나스 공원묘지

비 내리는 가을날 오후
몽파르나스 공원묘지
고즈넉한 안개 길을
한 노인이 들어가고
두 연인이 걸어 나온다.

노인들은 돌아갈 길을 찾고
젊은이들은 돌아올 길을 찾느니……

나는 오래된 묘비들을 앞에 놓고
최신식 몽파르나스 타워 빌딩을 배경으로
찰칵찰칵 사진을 찍는다.
묘지에도 집집마다 번지가 있고
대로와 골목길이 따로 있다
지붕이 높고 화려한 집
처마가 낮고 소박한 집
있는 듯 없는 듯 고요하게 누워 있는 사람도
탑을 세워 높은 곳에서 내려다보는 얼굴도 있다.

오늘 또 한 사람 자기 집으로 들어간다.

고득현 따라쓰기

마중 나온 사람도 배웅하는 사람도
저마다 꽃을 들고 검은 옷을 입었다.
장의차는 앞문으로 들어와 조용히 뒷문으로 나간다.
너도밤나무 떡갈나무 열매가 지붕 위로 투둑 떨어진다.

하루 종일 산책하다 벤치에 앉아
간혹 혼잣말 중얼거리는 할아버지
젊은 방문객이 길을 묻자
자기 집인 양 익숙하게 길을 밟는다.
그러고는 금방 제자리로 돌아와 신문을 펼치거나
안경을 만지작거린다.

오후 햇살이 묘비명 끝에 걸리고
관 뚜껑을 덮듯 하루가 저물면
몽파르나스 공원묘지
사방 문이 닫히고, 그러면
하나둘씩 자리를 털고 일어나
골목마다 제 집 앞을 청소하는 사자들.

날마다 죽어 가는 사람들과 더불어
태어나는 숫자도 그만큼씩 늘어 간다.

고두현 따라쓰기

수연산방에서
― 『무서록』을 읽다

문향루에 앉아 솔잎차를 마시며
삼 면 유리창을 차례대로 세어 본다
한 면에 네 개씩 모두 열두 짝이다

해 저문 뒤
무서록을 거꾸로 읽는다

세상일에 순서가 따로 있겠는가
저 밝은 달빛이 그대와 나
누굴 먼저 비추는지
우리 처음 만났을 때
누구 마음 먼저 기울었는지
무슨 상관있으랴

집 앞으로 흐르는 시냇물 앞서거니 뒤서거니
뒤에 앉은 동산도 두 팔 감았다 풀었다
밤새도록 사이좋게 노니는데

---

* 　수연산방(壽硯山房) : 소설가 상허 이태준이 살던 서울 성북동 옛집.
** 　『무서록(無序錄)』 : 이태준의 수필집. 순서 없이 엮은 글이라 하여 붙인 제목.

고두현 따라쓰기

시작 끝 따로 없는

열두 폭 병풍처럼 우리 삶의 높낮이나

살고 죽는 것 또한

순서 없이 읽는 사람이

먼 훗날 또 있으리라.

고두현 따라쓰기

망덕포구에 그가 산다
— 윤동주 유고 지킨 정병욱의 전언

섬진강 물굽이가 남해로 몸을 트는
망덕포구 나루터에 어릴 적 내 집이 있네.
강물이 몸을 한껏 구부렸다 펼 때마다
마루 아래 웅웅대며 입 벌리는 질항아리
그 속에 그가 사네.

강폭을 거슬러 올라 서울 가던 그해
압록강 먼저 건너 손잡아준 북간도 친구
함께 헤던 별무리처럼 그가 지금 살고 있네.
시집 원고 건네주며 밤새워 뒤척이다
참회록 몰래 쓰고 바다 건너 떠난 그를
학병에 징집되어 뒤따라가던 그날 저녁
어머니 이 원고를 목숨처럼 간직해 주오
우리 둘 다 돌아오지 못하거든
조국이 독립할 때 세상에 알려주오

그는 죽고 나는 살아
캄캄한 바닷길을 미친 듯이 달려온 날
어머니 마룻장 뜯고 항아리에서 꺼낸 유고
순사들 구두 소리 공출미 찾는 소리

고두현 따라쓰기

철컥대는 칼자루 밑에 숨죽이고 견딘 별빛
행여나 습기 찰까 물안개에 몸 눅을까
볏짚 더미로 살과 뼈를 말리던 밤이
만조의 물비늘 위로 달빛보다 희디희네.

후쿠오카 창살 벽에 하얗게 기대서서
간조의 뻘에 갇혀 오가지 못하던 그
오사카 방공포대서 살아남은 나를 두고
남의 땅 육첩방에 숨어 쓴 모국어가
밤마다 우웅우웅 소리 내며 몸을 트네.
하루 두 번 물때 맞춰 아직도 잘 있는지
마룻장 다시 뜯고 항아리에 제 입을 맞추는
그가 거기 살고 있네.

고두현 따라쓰기

굴라재 활불 사건
— 나, 만해

젊은 시절이었지.
만주 굴라재 고개 넘다
머리에 총 맞은 그날.

독립군 후보생들이었어.
작은 키에 까까머리 나를
일본 밀정으로 오인했다는

그들이 무릎 꿇고 비는 동안
나도 빌었지. 마취 없이 수술 받는 나보다
칼 쥔 손 먼저 기도해 달라고.

김동삼이라고 했던가. 맞아.
그의 손이 자꾸 떨리는 걸 보았어.
뒷걸음치는 흰 소의 눈망울 같았지.

수술 마친 그가 낮게 외쳤어.
활불活佛일세! 그러나 이후
나는 평생 고개 흔드는 체머리로 살아야 했지.

고두현 따라쓰기

서대문형무소에서 그가 죽은 날
북정 고개 넘어 싣고 와서는
내 방에 모시고 오일장을 치렀지.

일생에 딱 한 번 그때 울었어.
그는 쉰아홉, 나는 쉰여덟.
광복 8년 전이었지.

지금 생각하니
죽어서 더 오래 산
그가 진짜 활불이었어.

고개가 흔들릴 때마다
한 땀씩 그가 내 머리에 새겨놓은
만주의 햇살이 그립기도 해.

그땐 젊어서
마취 없이도 세상 견딜 만했지.
하루하루가 활불이었어. 그때 우리는.

고두현 따라쓰기

대웅성좌, 옥천
— 지용의 별

녹번 초당에서 옥천 하계
오백 리 길 따라온 황도 십이궁이
실개천에 걸렸다.

흰 소 타고 천궁 지나는 궁수가
시위를 당기는 순간 물고기별이 처녀궁에 들고
대웅성좌大熊星座가 십오 도쯤 기운다.
그 아래 유리창을 닦으며
물 먹은 별에 볼을 부비는 당신이 보이고……

찬물에 씻기어 사금을 흘리는 은하!*
참방이며 자맥질하는 목동자리 따라
너울대는 물소리 깊어갈 때
별똥별 휘광처럼 정수리에 꽂히는 말

너도 어린별을 잃었구나.
별에서 나 별로 돌아가는 길이
몇 백 광년보다 아득해서
이렇게 잠들지 못하고 헤매었구나.

* 정지용의 「별 2」에서 인용

고두현 따라쓰기

태어나기 전 먼 길 떠난 배냇별 하나
지금 큰곰자리 꼬리별로 반짝이며 잘 있다고
사철 내내 그곳에서 깜박깜박 빛난다고
다독이며 일러주는 그 말에 귀가 번쩍

나도 한때 그이마냥
밤길 지쳐 달려왔다가
새근새근 숨소리, 어린 별빛 더 푸르르길
흰 옷깃 두 손 여며 별자리에 모으는 밤.

고두현 따라쓰기

4월 장자莊子

성을 쌓고
문밖은 비워두라.

작은 도둑 경계하여
자물쇠 채웠거늘
큰 도적이 상자
통째로 가져가고
갈고리 훔친 자 죽은 뒤엔
나라 도둑질한 자
제후가 되다니,
저 깊은 산문 첩첩
냇물 마른 빈 골짜기
춤추는 봄나비들아
아아 눈뜨고 귀 밝은 것이
오늘의 슬픔이다.

고두현 따라쓰기

남해 가는 길
— 유배시첩 1

물살 센 노량 해협이 발목을 붙잡는다.
선천宣川서 돌아온 지 오늘로 몇 날인가.
윤삼월 젖은 흙길을
수레로 천 리 뱃길 시오 리
나루는 아직 닿지 않고
석양에 비친 일몰이 눈부신데
망운산 기슭 아래 눈발만 차갑구나.
내 이제 바다 건너 한 잎
꽃 같은 저 섬으로 가고 나면
따뜻하리라 돌아올 흙이나 뼈
땅에서 나온 모든 숨쉬는 것들 모아
화전花田을 만들고 밤에는
어머님을 위해 구운몽九雲夢을 엮으며
꿈결에 듣던 남해 바다
삿갓처럼 엎드린 앵강*에 묻혀
다시는 살아서 돌아가지 않으리.

---

* 앵강은 서포(西浦) 김만중(金萬重)이 만년에 유배 살던 남해 노도(櫓島) 앞바다 이름이다.

고두현 따라쓰기

울타리 밖에 채마밭을 짓고
— 유배시첩2

흐린 날엔 텃밭에 나가
익모초 잎을 딴다.
초막 뒤로 지는 노을
시린 팔목도 굽은 어깨도
진눈깨비에 젖어 흐르다 보면
못다한 이승의 아름다움
쑥대궁 뿌리마다 단단히 박아두고
어즈버 내가 없는 날
봄 푸른 들판 되어
꽃 피고 새움이 돋듯 그렇게
다시 살았거라 두고온 것들도 수런대며
돌아와 뒤뜰 동백잎 함께 아물어갈 때
일어나 터지거라 터지고도 모자라면
또다시 누워 채마밭이 되고 새암이 되고
먼 데서 오는 한 벗 구름뿐인 고요가 되고
슬픔이 되어 내 묻힌 노지나 묘등에
땅만 보고 섰을 풀줄기 되라.

고두현 따라쓰기

안부
— 유배시첩3

동물 끝 바위 갈매기 한 쌍 닿았구나.
벼랑 아래 끊임없이 밀려와
부서지는 파도
눈에 뵐 만하면 멀어지고
나랏님 열두 번 벼슬
때마다 사양하고 혼자 예 앉았으니
망망한 대해가 내게로만 무너지네.
어지러운 잡풀 사이
소나무처럼 우뚝 선 새
해풍에 상하지 않을까
밤이 되면서 근심이 깊어졌다.
물소리 쿵쾅이는 잠 속에서도
새는 떠나지 않고
부리만 갈고 있다.
속절없이 웅숭거리는 바람 따라
하얗게 일어서는 저
뼈, 혹한보다 더 시린
그대의 안부.

고두현 따라쓰기

적소에 내리는 눈
— 유배시첩 4

강화 바다를 생각한다.
아버님은 왜
스물한 살 꽃다운 해평 윤씨
만삭의 아내를 두고 순절을 택했을까.
종묘사직 섬으로 쫓기고
얼었던 내 땅의 강물들 소리치며 일어나
깨었거라 깨었거라 짓쳐 펄럭거릴 때
가진 것 없는 산천만 몸달아 울고
상처난 대숲과 들판 뒤엉켜
서해로 몰려드는데
나부끼는 패장의 깃발 등에 꽂고
절망뿐인 눈물 붉게 흘렸던 아버님
그 밤의 마지막 슬픔 다 알지 못하리.

지아비 잃고 바다 위에 떠
돛폭처럼 울부짖다
어머님 날 낳으니
유복자, 아버지 얼굴 모르는 것으로
평생 가슴에 돌 얹고 살았더니
다시 열린 세상 잔물결 위로

고득현 따라쓰기

소리 없이 내리는 눈
조각배 위에서 태어나 유배의 섬에 와 갇힌
나를 보러
아버님이 이렇게 오시는가.

고두현 따라쓰기

꿈에 본 어머님
— 유배시첩 5

손수 짠 명주로 춘추좌씨전을 사다

빗방울 굵어지는 소리 듣다 잠깐 자리에 들었더니 옥당의 서책 빌려다 놓고 필사본 엮고 계신 어머님, 돌아앉은 뒷모습이 구름 같아라. 평생 검은 옷 갇혀 너희는 남과 같지 않으니 배움에 한층 깊어야 한다. 곤궁한 들판에 짧은 곡식 얻고 나면 논어 맹자 중용 먼저 바꾸고 손수 짠 명주를 팔아 춘추좌씨전을 사던 날 손끝에 피멍 맺혀 밤새 잠들지 못하더니, 저 건너 사람의 마을 불빛 꺼지고 자애로운 무릎에 앉아 당시 唐詩를 배우던 어린 날 철없이 따라 읊던 사모곡 숨은 뜻이 이토록 아프구나. 나이 들 때까지 가르치는 이 따로 없어 오직 한 분 스승이었던 어머님, 눈물로 회초리 꺾어 이 깊은 적막 떠나보낸 뒤 봉창에 들치는 찬 비바람 슬픔의 잔뿌리 쓰다듬으며 어둠 속 묵묵히 홀로 깨어 견디실라.

고득현 따라쓰기

바람에 쓸리던 흰 머리 눈부신데

어둔 시대 충간 두려워 말고 내 한 몸 빛 되면 천리 유배도 떳떳해라. 현세의 부귀영달 온갖 권세로 출렁이는 만조의 바다. 떠나올 때 애야 귀양살이란 옛적 어른들도 면치 못했거니 스스로 몸 돌보되 어미 걱정일랑 조금도 말아라. 잔바람에 쓸리던 회한의 백발 잊혀지지 않아 오늘도 갯가에 나가 종일토록 먼 데만 보았다. 늦게 온 부음, 핏빛 일몰이 뻘밭으로 무너진다. 환란에 위축 말고 쓸데없다 하여 학업 버리지 말라는 유언에 목이 메어 해일처럼 일어서는 분노와 절망 견디기 어려워라. 흰 물새 떼 자지러지게 솟구쳤다 붉게 물든 부리 꺼룩 꺼루룩 울며 떨어진 자리 프아랗게 물살이 튄다. 사무쳐 몸 흔드는 저 수평선 너머 하늘은 무슨 빛으로 이 캄캄한 물밑 비추며 나는 또 무슨 낯으로 부끄러운 새벽을 고해야 하나.

고두현 따라쓰기

발해 금琴
— 발해 금은 다른 금보다 음이 하나 낮았다

귀를 비워라 그대
내 몸에선 한 음 낮은 소리들만 난다.
작잠나무 참나무 숲
마른 눈물 서걱대는 갈대밭 언덕
어디서나 나를 울린 건 저음이었다.
지금도 팔을 당기면 온몸 팽팽히
핏줄 휘는데 잃어버린 것들이
돌아오고 죽은 벗들도 살아왔지만
나는 더 깊이 몸을 낮춘다.
천년을 이렇게 누웠다 다시
세상의 높고 낮은 모든 바람 불러모아
청산에 현을 씻고 이슬계곡 악부 닦으며
더 낮아 가진 것 없는 날까지
슬픔의 밑둥에선 어떤 소리가 나는지
숨 닫고 말문 막힌 땅 끝에선
어떤 웅얼거림이 울려오는지
마침내 빈 몸으로 귀 맑게 듣기 위해
나는 가늘고 긴 일곱 줄에
몸을 묶고 풍진의 세월
혼자 견디는 것이다.

고두현 따라쓰기

수이푼강

나는 누워 있는 것이 아니다.
지금도 갈비뼈 사이에선
새벽빛에 몸 부서지는 소리
물살 섞고 얘기하는 수막새기와 조각들이
서걱거린다. 억새풀 뿌리 따라
연화봉황 빛나는 명문
슬픔의 무늬 깊게 패어 있지만
나는 누워 있는 것이 아니다.
따뜻한 온돌이 그리운 밤엔
말갈이나 여진의 아들딸이 숨어와
몸을 적시고 아버지의 농기구가
녹스는 저녁에도 빈 곳간 아궁이로
곰솔가지 타는 연기 푸르게 눈물난다.
철 따라 낯이 바뀌며 숨어 피는 발해의 꽃
쓸쓸한 강 언덕에 홀로 피고 질 때면
먼 북방 철새 떼 푸득이는 날개 밑으로
옥구슬 사금파리 반짝이며 빛나는데
나는 누워 있는 것이 아니다.
수심 깊이 가라앉은 수막새기와 조각들 깨워
밤마다 그리운 몸짓 상류에 닿는 꿈을

고두현 따라쓰기

아아 천년의 강물로도 지울 수 없는 슬픔 안고
수이푼 수이푼, 억새풀 뿌리 깊은
물살에 몸을 섞어 또다시 한 천년을
이렇게 흐르며 기다리는 것이다.

고두현 따라쓰기

고두현 시인과의 동행이 끝났습니다.
따라쓰기 여정을 마무리하면서 느낀 점이나
고두현 시인에게 하고 싶은 말을 편지로 써보세요.
고두현 시인과의 아름다운 인연이
오래도록 당신을 기분 좋게 해주는 행복한 기억으로 남아 있기 바랍니다.